Sigrun Syttkus

Leuchtende Fenstersterne

Fotos: frechverlag GmbH + Co. Druck KG, 70499 Stuttgart;
Fotostudio Ullrich & Co., Renningen

Auflage: 5. 4. 3. 2. 1. | Letzte Zahlen
Jahr: 2005 2004 2003 2002 2001 | maßgebend

ISBN 3-7724-2826-6 · Best.-Nr. 2826
Druck: frechverlag GmbH + Co. Druck KG, 70499 Stuttgart

Liebe Bastelfreunde!

Wer möchte in der Adventszeit seine Fenster nicht gerne weihnachtlich schmücken? Die transparenten Fenstersterne, die ich Ihnen in diesem Buch vorstellen möchte, bieten sich dazu gut an.
Sie sind in den verschiedenen Farben und Farbkombinationen von drinnen und von draußen betrachtet sehr eindrucksvoll.

Das Falten der Sterne ist ein Spaß für die ganze Familie. Sie finden einfache Falttechniken, die schon von Kindergartenkindern ausgeführt werden können, und aufwändigere Sterne für Geübte.

Da alle Sterne aus quadratischen Papieren gefaltet sind, lassen sie sich ohne kompliziertes Umrechnen in beliebiger Größe herstellen und somit der Größe Ihrer Fenster ideal anpassen.

Viel Freude beim Falten der transparenten Sterne und beim Dekorieren Ihrer Fenster!

Eine fröhliche Advents- und Weihnachtszeit wünscht Ihnen

Ihre Sigrun Sytkus

Das Papier

Transparentpapier gibt es in verschiedenen Farben und Abmessungen zu kaufen. Sie erhalten es als Rolle (70 cm x 1 m bzw. 2 m), Bogen (50 cm x 70 cm), in einer Sammelmappe (ca. 23 cm x 33 cm) oder bereits quadratisch zugeschnitten. Aus den großen Formaten können Sie viele Sterne basteln. Ein Bogen aus einer Sammelmappe reicht für einen zwölfzackigen Stern mit 20 cm Durchmesser. Für einen größeren oder 16-zackigen Stern benötigen Sie zwei Bögen. Architektenpapier lässt sich leichter und genauer falten als Transparentpapier. Es ist zudem durchscheinender, wodurch die Binnenstruktur der Sterne auf dunklem Untergrund (z. B. bei Nacht) besser zur Geltung kommt.

Material und Werkzeug

- Transparentpapier, Architektenpapier oder Butterbrotpapier
- Kugelschreiber oder Bleistift
- Ungezahntes Küchenmesser
- Klebestift

Bitte beachten Sie: Wählen Sie die Größe Ihres Sterns nach diesen Angaben selbst. Bei den Materialangaben wird deshalb die Anzahl der benötigten Quadrate angegeben.

Die Größe der Sterne

Da alle Sterne aus quadratischen Papieren gearbeitet werden – alle Seiten der Papiere sind also gleich lang –, können die Sterne in beliebiger Größe hergestellt werden. Der Durchmesser der Sterne aus den quadratischen Papieren errechnet sich aus dem Zweifachen der Diagonale des Quadrates. Der Durchmesser der Sterne aus rechteckigen Papieren (halbierten Quadraten) errechnet sich aus dem Zweifachen der Seitenlänge des Quadrates.
Je kleiner die Sterne werden, desto mehr Fingerspitzengefühl ist nötig. Am besten geeignet sind Papiergrößen zwischen 6 cm x 6 cm (Sterndurchmesser 17 cm bei Quadraten bzw. 12 cm bei Rechtecken) und 12 cm x 12 cm (Sterndurchmesser 34 cm bei Quadraten bzw. 24 cm bei Rechtecken).

Das Zuschneiden des Papiers

- Messen Sie am rechten und linken Papierrand die doppelte Länge der gewünschten Seitenlänge des Quadrates ab und machen Sie sich eine kleine Markierung.
- Legen Sie die Ecken an die Markierung und falten Sie das Papier kräftig, indem Sie mit dem Daumennagel über den Falz fahren.

- Schlitzen Sie den Falz mit einem Küchenmesser auf. Das Ergebnis wird in der Regel genauer, als wenn mit der Schere geschnitten wird.
- Der so gewonnene Papierstreifen wird auf die gleiche Art und Weise in Quadrate – also beide Seitenlängen sind gleich lang - geteilt.

Das Falten der einzelnen Sternzacken

- Die einzelnen Sternzacken nach den Schritt-für-Schritt-Zeichnungen falten.
- Falten Sie kräftig, indem Sie mit dem Daumennagel über den Falz fahren, damit Ihre Faltungen nicht abstehen.
- Die Anzahl der benötigten Zacken ist bei jedem Stern angegeben.

Das Kleben der Sterne

- Bestreichen Sie die rechte untere Seite der Sternzacke (schraffierte Fläche) mit Klebstoff.
- Kleben Sie die nächste Zacke so darauf, dass sich die unteren Spitzen berühren und die Seitenkante der zweiten Zacke an dem Mittelfalz der ersten Zacke liegt.
- Befestigen Sie die weiteren Zacken genauso.
- Kleben Sie die letzte Zacke auf die vorletzte und unter die erste Zacke.

Diese Klebeanleitung gilt für den zwölf-, die acht- und die sechzehnzackigen Sterne.
Achten Sie bei den sechzehnzackigen Sternen darauf, dass die richtige Spitze in der Mitte liegt.
Es gibt schöne Variationen, wenn Sie die Spitzen abwechselnd nach innen und außen drehen – nur die Regelmäßigkeit ist dabei wichtig.

Das Aufhängen der Sterne

Kleben Sie den Stern mit der glatten Seite an das Fenster. Schließen Sie dazu einen Klebefilmstreifen mit der klebenden Seite nach außen zu einem kleinen Ring. Je nach Sterngröße kleben Sie mehrere solcher „Klebefilm-Ringchen" auf die glatte Seite des Sterns und befestigen ihn damit an der Fensterscheibe.

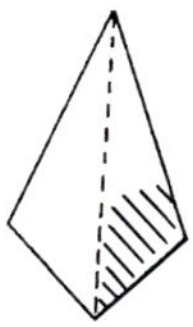
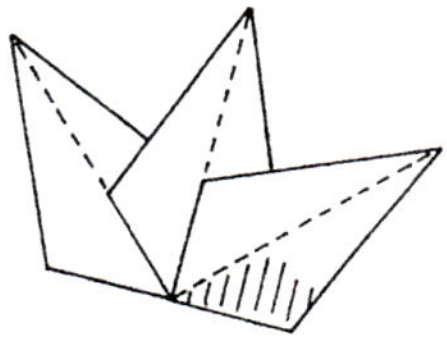

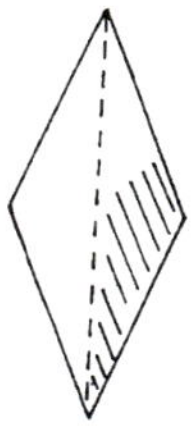
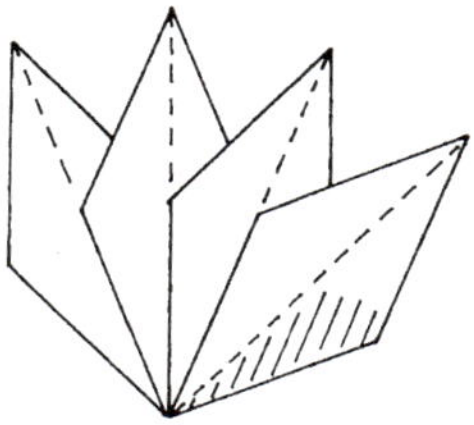

Stern 1

Schwierigkeitsgrad
leicht

Material
Transparentpapier in Dunkelgelb: 8 Quadrate

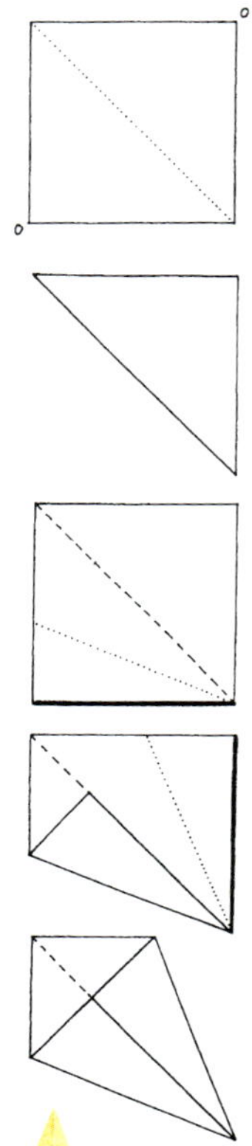

- Falten Sie das Quadrat entlang der gepunkteten Linie, indem Sie die Ecke O auf die gegenüberliegende Ecke O legen.
- Öffnen Sie die Faltung wieder, sodass Sie nun die Diagonale des Quadrates als Faltlinie sehen. (Gestrichelte Linie)
- Falten Sie entlang der gepunkteten Linie, indem Sie die jeweils dick eingezeichnete Seitenkante an die Diagonale legen.
- Falten Sie alle acht Quadrate auf diese Weise und kleben Sie den Stern wie auf Seite 5 beschrieben zusammen.

Stern 1 ist die Grundform für alle aus dem Quadrat gefalteten Sterne. In seiner Einfachheit eignet er sich durchaus schon für die Kleinsten, die ihren ersten Stern selbst falten wollen. Selbst wenn die Spitzen nicht so perfekt werden, lässt er sich gut zu einem regelmäßigen Stern zusammenkleben. Hierbei ist jedoch die Hilfe eines Erwachsenen erforderlich!

Stern 2

Schwierigkeitsgrad
leicht

Material
Transparentpapier in Rot: 8 Quadrate

- Falten Sie das Quadrat zunächst nach der Faltanleitung von Stern 1 (Seite 6).
- Falten Sie nun wie in den Zeichnungen abgebildet entlang der gepunkteten Linie, indem Sie die jeweils dick eingezeichnete Kante an die Außenkante der Sternzacke legen.
- Falten Sie alle acht Quadrate auf diese Weise und kleben Sie den Stern wie auf Seite 5 beschrieben zusammen.

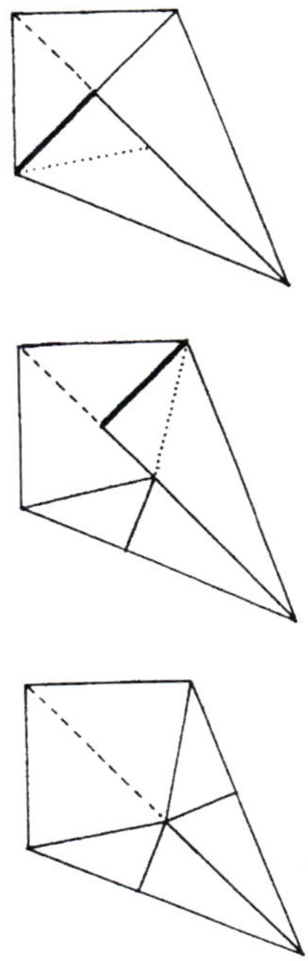

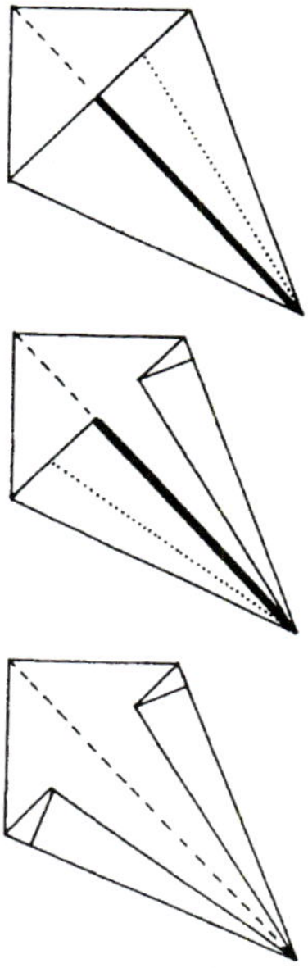

Stern 3

Schwierigkeitsgrad

mittelschwer

Material

Transparentpapier in Orange: 8 Quadrate

- Falten Sie das Quadrat zunächst nach der Faltanleitung von Stern 1 (Seite 6).
- Falten Sie nun wie in den Zeichnungen abgebildet entlang der gepunkteten Linie, indem Sie die jeweils dick eingezeichnete Kante an die Außenkante der Sternzacke legen.
- Falten Sie alle acht Quadrate auf diese Weise und kleben Sie den Stern wie auf Seite 5 beschrieben zusammen.

Stern 4

Schwierigkeitsgrad
mittelschwer

Material
Transparentpapier in Blau oder Weiß: 8 Quadrate

- Falten Sie das Quadrat zunächst nach der Faltanleitung von Stern 2 (Seite 7).
- Falten Sie nun wie in den Zeichnungen abgebildet entlang der gepunkteten Linie, indem Sie die jeweils dick eingezeichnete Kante an die Außenkante der Sternzacke legen.
- Falten Sie alle acht Quadrate auf diese Weise und kleben Sie den Stern wie auf Seite 5 beschrieben zusammen.

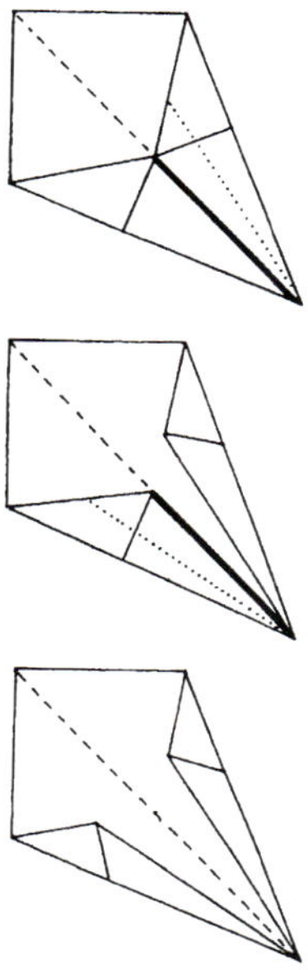

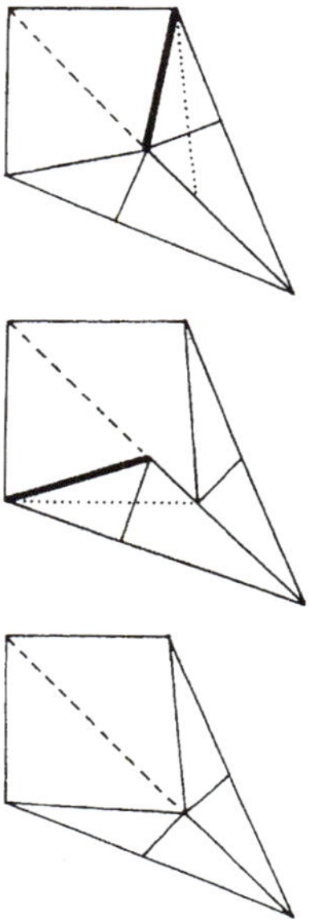

Stern 5

Schwierigkeitsgrad
leicht

Material
Transparentpapier in Pink: 8 Quadrate

- Falten Sie das Quadrat zunächst nach der Faltanleitung von Stern 2 (Seite 7).
- Falten Sie nun wie in den Zeichnungen abgebildet entlang der gepunkteten Linie, indem Sie die jeweils dick eingezeichnete Kante an die Außenkante der Sternzacke legen.
- Falten Sie alle acht Quadrate auf diese Weise und kleben Sie den Stern wie auf Seite 5 beschrieben zusammen.

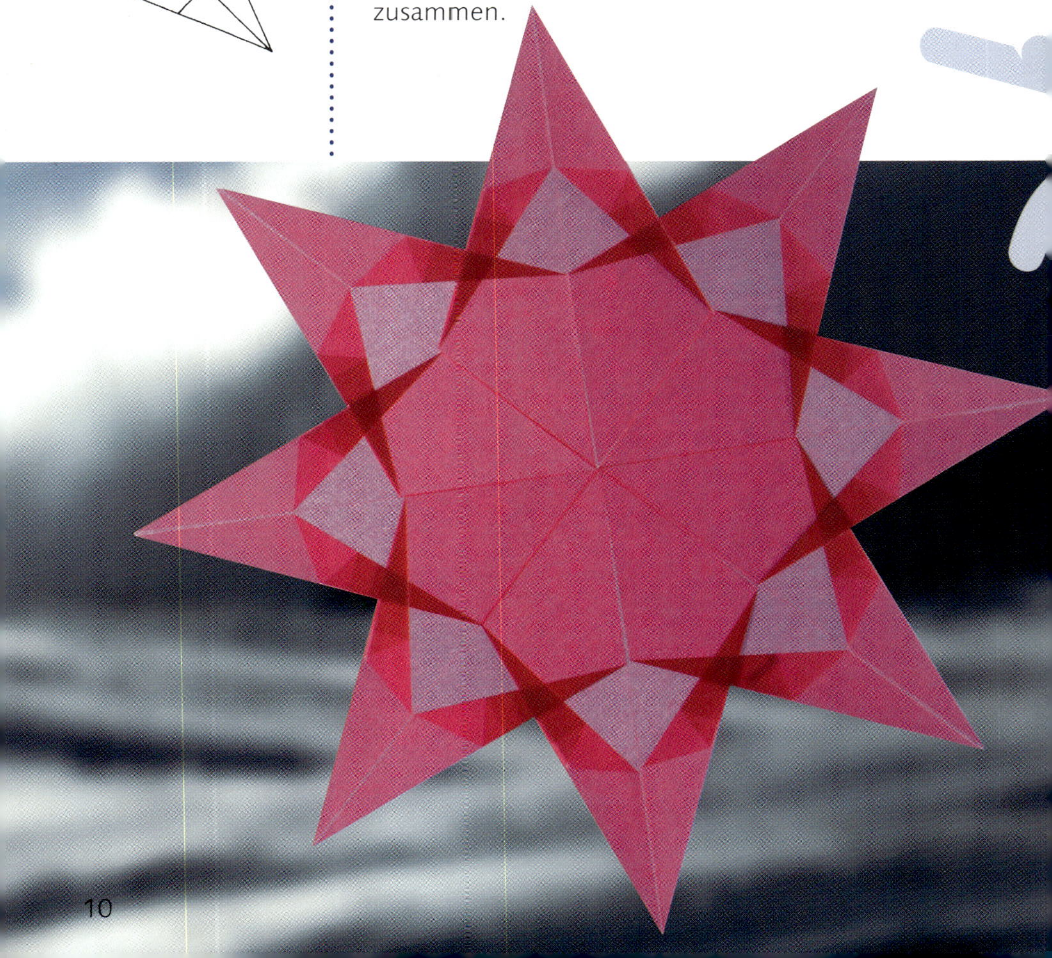

Stern 6

Schwierigkeitsgrad
leicht

Material
Transparentpapier in Pink, Weiß oder Lila: 8 Quadrate

- Falten Sie das Quadrat zunächst nach der Faltanleitung von Stern 2 (Seite 7).
- Falten Sie nun wie in den Zeichnungen abgebildet entlang der gepunkteten Linie, indem Sie die Ecke O auf den Punkt O an der Außenkante der Sternzacke legen.
- Falten Sie alle acht Quadrate auf diese Weise und kleben Sie den Stern wie auf Seite 5 beschrieben zusammen.

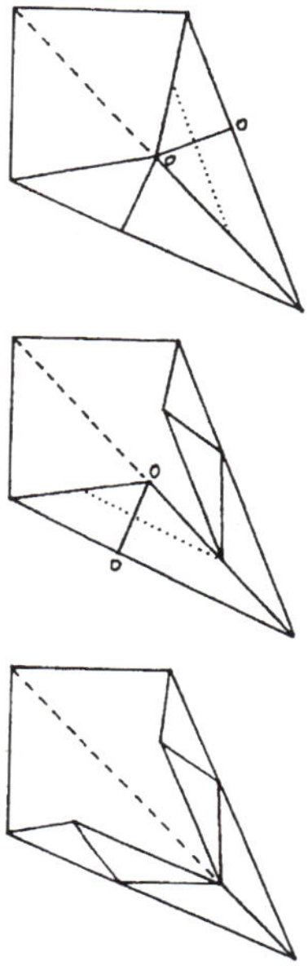

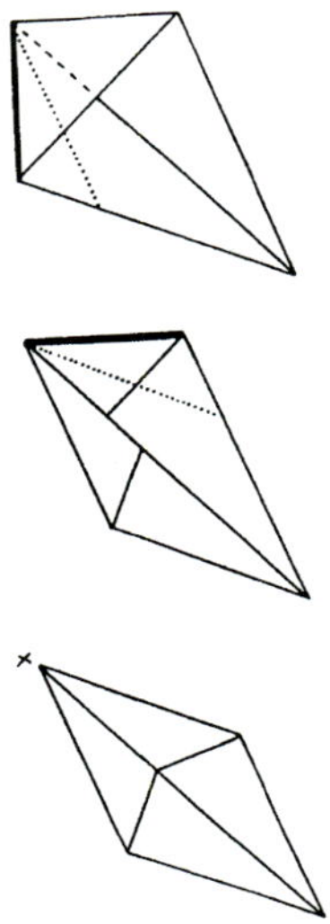

Stern 7

Schwierigkeitsgrad

leicht

Material

Transparentpapier oder Architektenpapier in Weiß: 16 Quadrate

- Falten Sie das Quadrat zunächst nach der Faltanleitung von Stern 1 (Seite 6).
- Falten Sie nun wie in den Zeichnungen abgebildet entlang der gepunkteten Linie, indem Sie die jeweils dick eingezeichnete Kante an die Diagonale legen.
- Falten Sie alle 16 Quadrate auf diese Weise und kleben Sie den Stern wie auf Seite 5 beschrieben zusammen. Achten Sie dabei darauf, dass die mit einem X gekennzeichneten Spitzen die Sternmitte bilden.

Mein Tipp

Wenn Sie die mit einem X gekennzeichnete Spitze abwechselnd nach innen und außen nehmen, ergibt sich eine interessante Variation dieses Sterns!

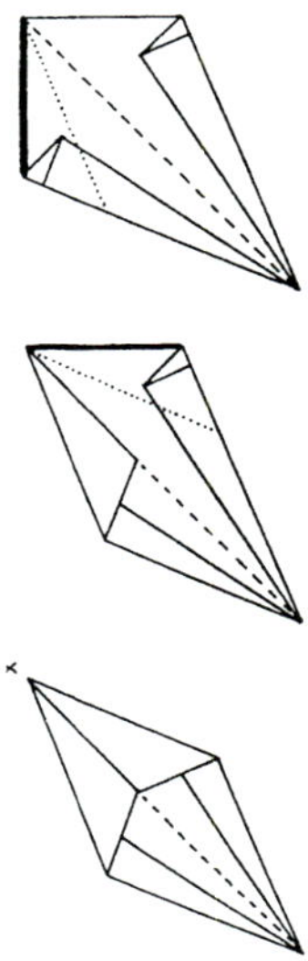

Stern 8

Schwierigkeitsgrad

mittelschwer

Material

Transparentpapier in Hellgelb: 16 Quadrate

- Falten Sie das Quadrat zunächst nach der Faltanleitung von Stern 3 (Seite 8).
- Falten Sie nun wie in den Zeichnungen abgebildet entlang der gepunkteten Linie, indem Sie die jeweils dick eingezeichnete Kante an die Diagonale legen.
- Falten Sie alle 16 Quadrate auf diese Weise und kleben Sie den Stern wie auf Seite 5 beschrieben zusammen. Achten Sie dabei darauf, dass die mit einem X gekennzeichneten Spitzen die Sternmitte bilden.

Mein Tipp
Sie können diesen Stern auch elfzackig arbeiten, wenn Sie ihn nach der Klebeanleitung von Stern 19 (Seite 28) zusammenkleben.

Stern 9

Schwierigkeitsgrad
mittelschwer

Material
Transparentpapier in Dunkelgelb: 8 Quadrate

- Falten Sie das Quadrat zunächst nach der Faltanleitung von Stern 1 (Seite 6).
- Falten Sie nun wie in den Zeichnungen abgebildet entlang der gepunkteten Linie, indem Sie die jeweils dick eingezeichnete Kante an die Diagonale legen.
- Falten Sie alle acht Quadrate auf diese Weise und kleben Sie den Stern wie auf Seite 5 beschrieben zusammen.

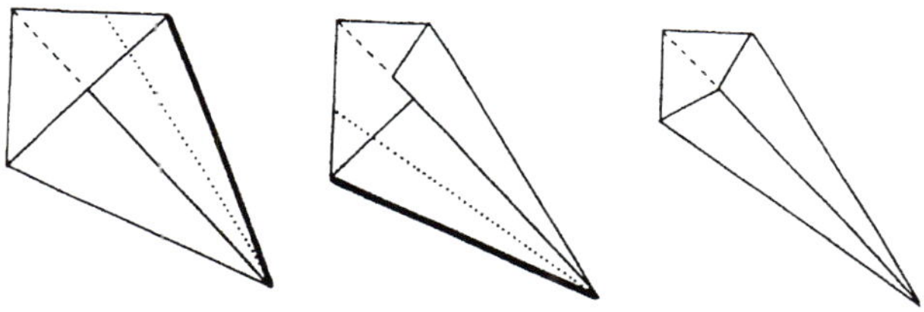

Variationsmöglichkeiten:

- Falten Sie nur vier Quadrate nach der Anleitung von Stern 9.
- Falten Sie die anderen vier Quadrate – nach Belieben auch andersfarbige (rot-weiß) oder etwas kleinere (hellblau-dunkelblau) - nach der Anleitung von Stern 3 (Seite 8).
- Kleben Sie die Zacken abwechselnd wie auf Seite 5 beschrieben zusammen.

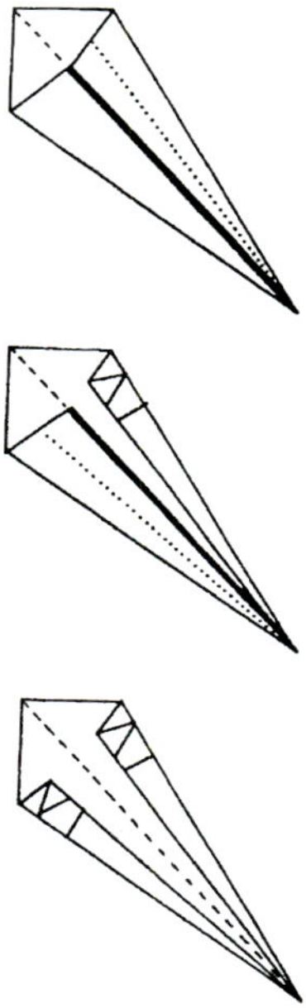

Stern 10

Schwierigkeitsgrad

schwer

Material

Transparentpapier oder Architektenpapier in Weiß: 8 Quadrate

- Falten Sie das Quadrat zunächst nach der Faltanleitung von Stern 9 (Seite 14).
- Falten Sie nun wie in den Zeichnungen abgebildet entlang der gepunkteten Linie, indem Sie die jeweils dick eingezeichnete Kante an die Außenkante der Sternzacke legen. Achten Sie darauf, dass Sie dabei alle Lagen falten.
- Falten Sie alle acht Quadrate auf diese Weise und kleben Sie den Stern wie auf Seite 5 beschrieben zusammen.

Stern 11

Schwierigkeitsgrad
mittelschwer

Material
Transparentpapier oder Architektenpapier in Weiß: 16 Quadrate

- Falten Sie das Quadrat zunächst nach der Faltanleitung von Stern 8 (Seite 12).
- Falten Sie nun wie in den Zeichnungen abgebildet entlang der gepunkteten Linie, indem Sie die jeweils dick eingezeichnete Kante an die Außenkante der Sternzacke legen. Falten Sie dabei alle Lagen.
- Falten Sie alle 16 Quadrate auf diese Weise und kleben Sie den Stern wie auf Seite 5 beschrieben zusammen. Achten Sie dabei darauf, dass die mit X gekennzeichneten Spitzen die Sternmitte bilden!

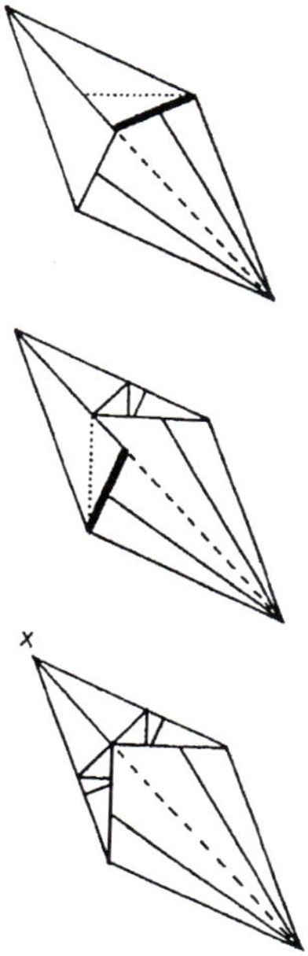

Stern 12

Schwierigkeitsgrad

mittelschwer

Material

Transparentpapier oder Architektenpapier in Weiß: 10 Quadrate, nach Belieben 8 Quadrate einer Farbe und 2 andersfarbige (im Bild beim mittleren Stern: orange und rot).

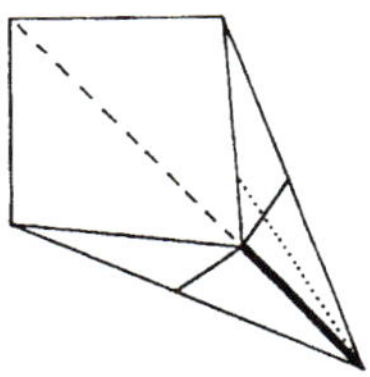

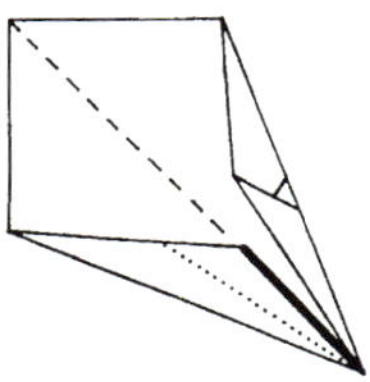

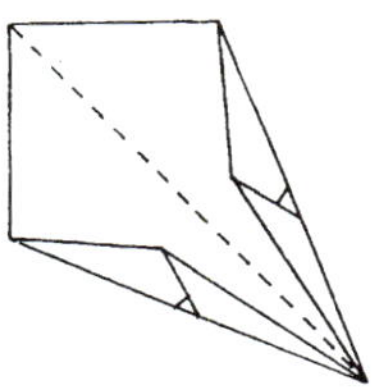

- Falten Sie zwei der Quadrate (die andersfarbigen) der Länge nach und schlitzen Sie den Falz mit dem Messer auf. Sie haben nun vier Rechtecke erhalten.
- Falten Sie die Rechtecke, indem Sie die eine kurze Seite auf die gegenüberliegende kurze Seite legen und schlitzen Sie wiederum den Falz auf. Nun haben Sie acht kleine Quadrate vor sich.
- Falten Sie eines der großen Quadrate zunächst nach der Faltanleitung für Stern 5 (Seite 10).
- Falten Sie nun wie in den Zeichnungen abgebildet entlang der gepunkteten Linie, indem Sie die jeweils dick eingezeichnete Kante an die Außenkante der Sternzacke legen.
- Falten Sie alle acht großen Quadrate auf diese Weise und kleben Sie den Stern wie auf Seite 5 beschrieben zusammen.
- Falten Sie nun aus den kleinen Quadraten Stern 3 (Seite 8) und kleben Sie ihn wie auf Seite 5 beschrieben zusammen.
- Kleben Sie nun den kleinen Stern wie abgebildet auf den großen Stern.

Auf der Abbildung sehen Sie beim roten unteren Stern die Variante ohne aufgeklebten Innenstern.

Stern 13

Schwierigkeitsgrad

leicht

Material

Transparentpapier in Blau oder Weiß: 4 Quadrate, aus denen 8 Rechtecke geschnitten werden

- Halbieren Sie die Quadrate, indem Sie eine Seite auf die gegenüberliegende Seite legen.
- Schlitzen Sie den Falz mit einem Küchenmesser auf, sodass Sie aus jedem Quadrat 2 Rechtecke erhalten.
- Falten Sie das Rechteck nun entlang der gepunkteten Linie, indem Sie die lange Seite auf die gegenüberliegende lange Seite legen.
- Öffnen Sie die Faltung wieder, sodass Sie die Mittellinie als Faltlinie sehen (gestrichelte Linie).
- Falten Sie nun wie in den Zeichnungen abgebildet entlang der gepunkteten Linie, indem Sie die jeweils dick eingezeichnete Kante an die Mittellinie legen.
- Falten Sie alle acht Rechtecke auf diese Weise und kleben Sie den Stern wie auf Seite 5 beschrieben zusammen.

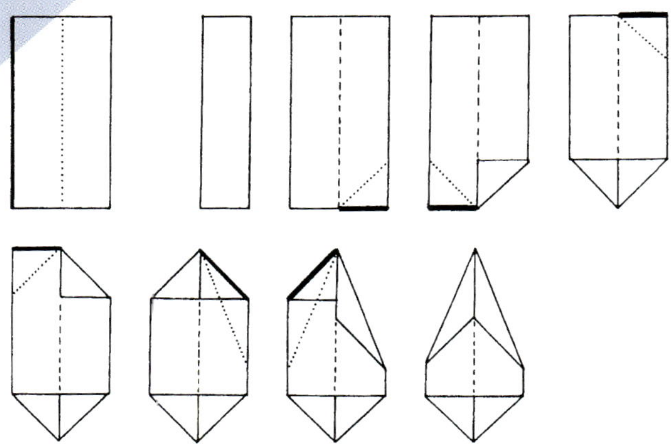

Stern 14

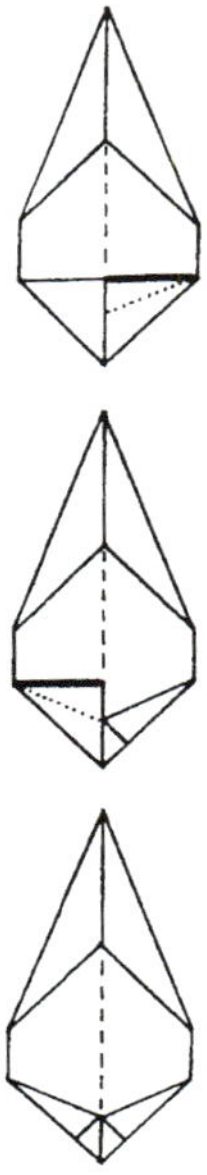

Schwierigkeitsgrad

leicht

Material

Transparentpapier in Rot: 4 Quadrate, aus denen 8 Rechtecke geschnitten werden

- Arbeiten Sie das Quadrat zunächst nach der Faltanleitung von Stern 13 (Seite 20).
- Falten Sie nun wie in den Zeichnungen abgebildet entlang der gepunkteten Linie, indem Sie die jeweils dick eingezeichnete Kante an die Außenkante der Sternzacke legen.
- Falten Sie alle acht Rechtecke auf diese Weise und kleben Sie den Stern wie auf Seite 5 beschrieben zusammen.

Stern 15

Schwierigkeitsgrad

mittelschwer

Material

Transparentpapier in Dunkelgelb: 4 Quadrate, aus denen 8 Rechtecke geschnitten werden

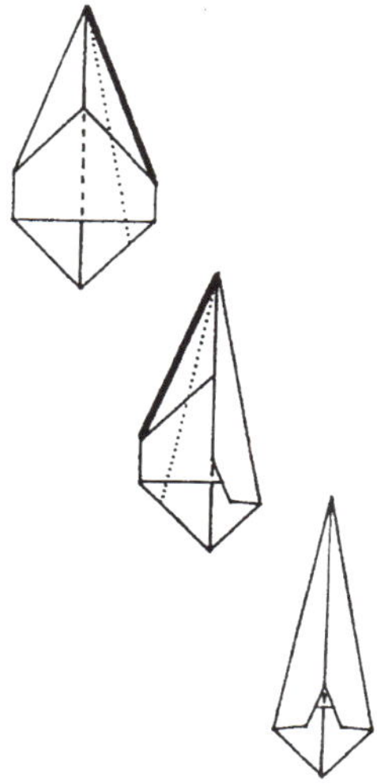

- Arbeiten Sie das Quadrat zunächst nach der Faltanleitung von Stern 13 (Seite 20).
- Falten Sie nun wie in den Zeichnungen abgebildet entlang der gepunkteten Linie, indem Sie die jeweils dick eingezeichnete Kante an die Mittellinie legen.
- Falten Sie alle acht Rechtecke auf diese Weise und kleben Sie den Stern wie auf Seite 5 beschrieben zusammen.

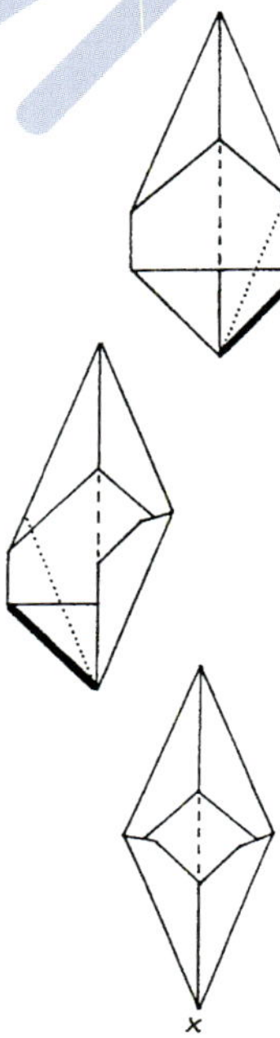

Stern 16

Schwierigkeitsgrad

leicht

Material

Transparentpapier in Hellgelb: 8 Quadrate, aus denen 16 Rechtecke geschnitten werden

- Arbeiten Sie das Quadrat zunächst nach der Faltanleitung von Stern 13 (Seite 20).
- Falten Sie nun wie in den Zeichnungen abgebildet entlang der gepunkteten Linie, indem Sie die jeweils dick eingezeichnete Kante an die Mittellinie legen.
- Falten Sie alle 16 Rechtecke auf diese Weise und kleben Sie den Stern wie auf Seite 5 beschrieben zusammen. Achten Sie dabei darauf, dass die mit einem X gekennzeichneten Spitzen die Sternmitte bilden.

Stern 17

Schwierigkeitsgrad
mittelschwer

Material
Transparentpapier oder Architektenpapier in Weiß: 8 Quadrate, aus denen 16 Rechtecke geschnitten werden

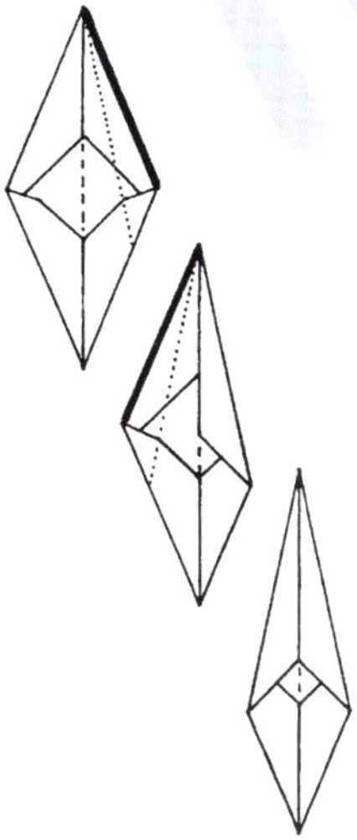

- Arbeiten Sie das Quadrat zunächst nach der Faltanleitung von Stern 16 (Seite 24).
- Falten Sie nun wie in den Zeichnungen abgebildet entlang der gepunkteten Linie, indem Sie die jeweils dick eingezeichnete Kante an die Mittellinie legen.
- Falten Sie alle 16 Rechtecke auf diese Weise und kleben Sie den Stern wie auf Seite 5 beschrieben zusammen.

Stern 18

Schwierigkeitsgrad
schwer

Material
Transparentpapier in Orange: 4 Quadrate, aus denen 8 Rechtecke geschnitten werden

- Arbeiten Sie das Quadrat zunächst nach der Faltanleitung von Stern 13 (Seite 20).
- Falten Sie nun die Ecke O an die Mitte X der Außenkante.
- Falten Sie wie in den Zeichnungen abgebildet entlang der gepunkteten Linien weiter, indem Sie die jeweils dick eingezeichnete Kante an die Außenkante der Sternzacke legen. Achten Sie bei der oberen Spitze darauf, auch die innere Lage zu falten.
- Falten Sie alle acht Rechtecke auf diese Weise und kleben Sie den Stern wie auf Seite 5 beschrieben zusammen.

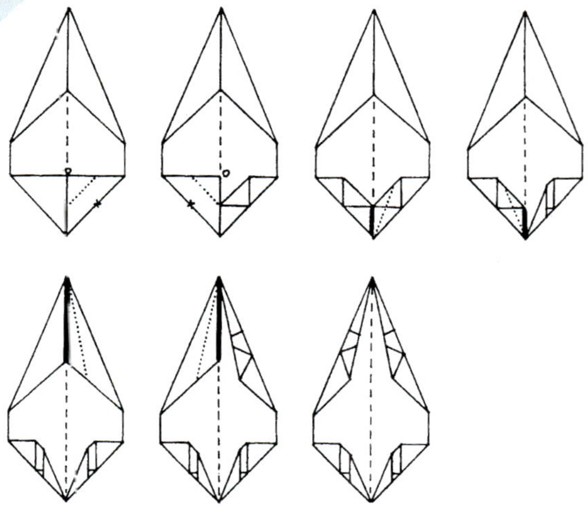

Stern 19

Schwierigkeitsgrad
schwer

Material
Transparentpapier oder Architektenpapier in Weiß: 11 Quadrate

- Falten Sie das Quadrat zunächst nach der Faltanleitung von Stern 21 (Seite 32).
- Falten Sie nun wie in den Zeichnungen abgebildet entlang der gepunkteten Linie, indem Sie die jeweils dick eingezeichnete Kante an die Diagonale legen.
- Falten Sie alle elf Quadrate auf diese Weise.
- Kleben Sie den Stern zusammen, indem Sie die Spitze X an die Spitze X der vorhergehenden Zacke legen und die Ecke O an die Faltkante der vorhergehenden Zacke (siehe Zeichnung). Kleben Sie die elfte Zacke auf die zehnte und unter die erste Zacke.

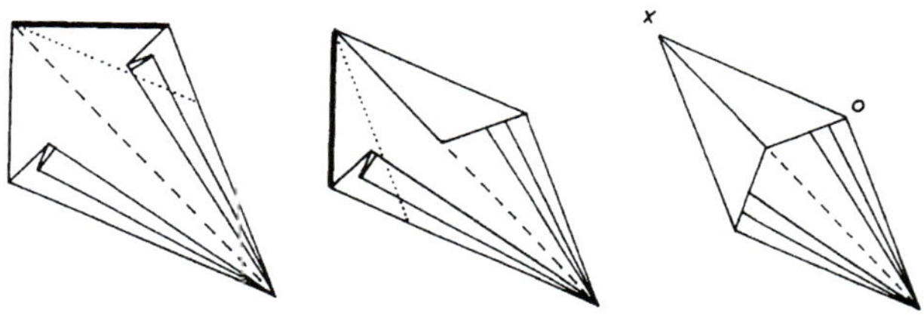

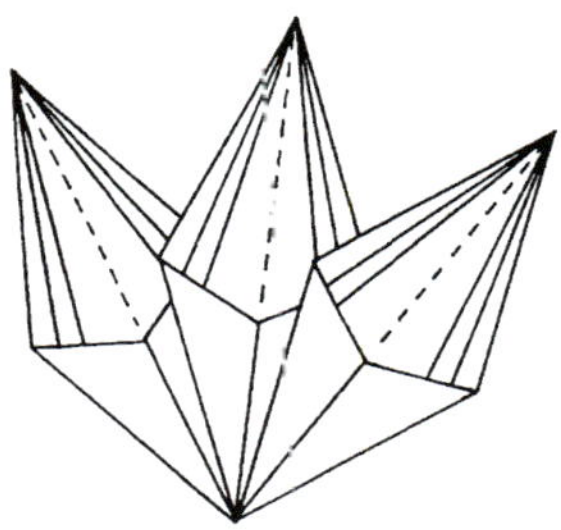

Stern 20

Schwierigkeitsgrad
schwer

Material
Transparentpapier in Pink: 6 Quadrate, aus denen 12 Rechtecke geschnitten werden

- Halbieren Sie die sechs Quadrate wie bei Stern 13 (Seite 20) beschrieben, sodass Sie zwölf Rechtecke erhalten.
- Falten Sie eine lange Seite des Rechtecks auf die gegenüberliegende lange Seite.
- Öffnen Sie die Faltung wieder. Sie sehen nun die Mittellinie als Faltlinie (gestrichelte Linie).
- Falten Sie nun die obere Spitze, indem Sie die jeweils dick eingezeichneten Kanten an die Mittellinie legen und entlang der gepunkteten Linien falten.
- Stellen Sie sich nun eine Verbindungslinie zwischen den Punkten X und O vor (Strich-Punkt-Linie) und legen Sie die rechte untere Kante (dick eingezeichnet) an diese gedachte Linie.
- Falten Sie nun die linke untere Kante (dick eingezeichnet) an die rechte untere Außenkante.
- Falten Sie alle zwölf Rechtecke auf diese Weise und kleben Sie den Stern wie auf Seite 5 beschrieben zusammen. Dabei bilden die mit einem X markierten Sternspitzen die Sternmitte.

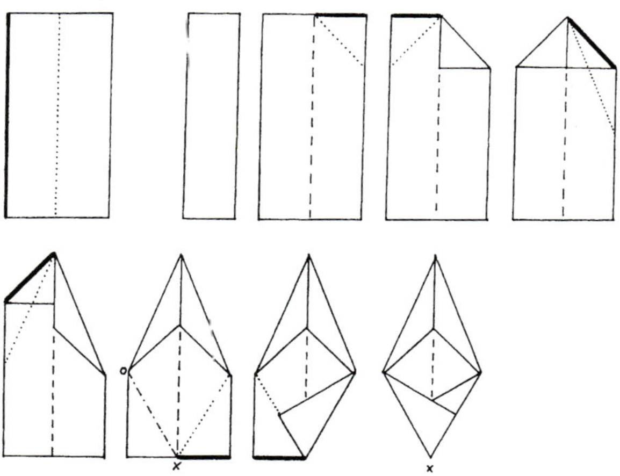

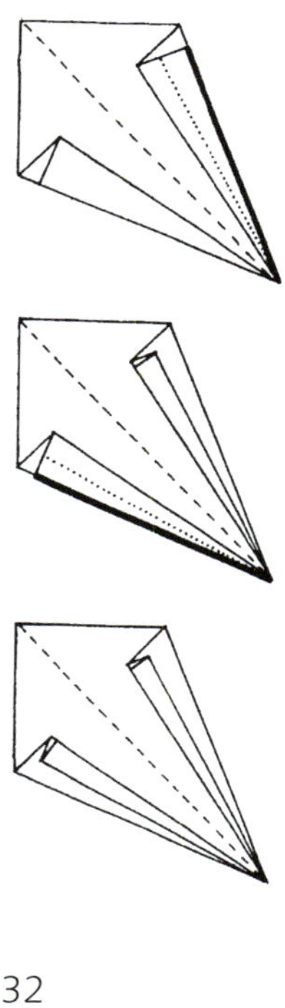

Stern 21

Schwierigkeitsgrad
schwer

Material
Transparentpapier in Dunkelgelb: 8 Quadrate

- Falten Sie das Quadrat zunächst nach der Faltanleitung von Stern 3 (Seite 8).
- Falten Sie nun wie in den Zeichnungen abgebildet entlang der gepunkteten Linie, indem Sie die jeweils dick eingezeichnete Kante an die Faltkante zurück falten.
- Falten Sie alle acht Quadrate auf diese Weise und kleben Sie den Stern wie auf Seite 5 beschrieben zusammen.